# 보랏빛 향기

황상정 제3시집

보랏빛 향기

그림과책

| 시인의 말 |

    나무늘보가 되어 천천히 사는 삶도 마음을 내려놓고 살면 살 만합니다. 살고자 하는 사람에게는 장애란 장애가 되지 않는다는 걸 깨닫고 알았기 때문입니다. 모든 걸 내려놓은 언제부턴가 글 쓰는 게 마냥 즐겁고 글 쓰는 게 너무나 행복합니다. 이런 행복을 맛볼 수 있게 오늘을 살게 해준 가족들이 너무나 감사합니다
    제3시집을 출간한 지금 저의 마음은 잘 걷지도 못하는 몸이지만 하늘을 훨훨 날아다니는 한 마리 새가 된 기분입니다. 두 눈에는 뜨거운 눈물이 하염없이 흐르고 가슴이 벅차오릅니다. 실로 오랜만에 느껴보는 가슴 뭉클한 따뜻하고 포근함 가득한 행복입니다. 조용히 두 손을 모으고 머리 숙여 기도합니다. 가족들과 함께 이런 기쁨과 행복을 오래도록 느끼면서 살게 해주십시오라고 말입니다…….
    저의 제3시집의 출간을 위해 도움을 아끼지 않으신 손근호(그림과책) 발행인님과 김수현(그림과책) 편집국장님 특히 매번 저에게 도움을 주시고 희망과 용기를 가득 심어주셨던 최세희(원주시장애인종합복지관) 사회복지사님께 머리 숙여 깊은 감사를 드립니다.
    늘 곁에서 아낌없는 도움과 아빠의 손과 발이 되어 오늘이 있게 해준 사랑하는 가족들에게도 이 자리를 빌려 다시 한번 감사의 말을 전하고 싶습니다. 오늘은 가족들과 함께 보글보글 소리마저 맛있고 따뜻함이 모락모락 피어나는 된장찌개로 저녁을 해야겠습니다.

2022년 7월

황 상 정

차 례

5    시인의 말


## 1부  찬비

16   임이시여
17   편지
18   한세상
19   인연이란
20   잊으라 하네
22   안녕
23   한 번만 더 생각을
24   잊힌 여인이여
25   발걸음
26   사는 게 그렇다네
27   항구의 이별
28   눈물의 아리랑
29   잃어버린 사랑 찾아
30   순이 엄마
31   구슬비
32   마지막 편지
33   어찌하오
34   남몰래 흘린 눈물
35   이대로
36   살다 보면
37   울지 않을 겁니다

38  슬피 우는 꽃 한 송이
39  늦지 않게
40  짝사랑
41  이별

## 2부 보랏빛 향기

44 엄마라는 이름은
45 봄날
46 마음먹기에 따라
47 그대
48 내 눈에는
49 그대의 마중물이 되고 싶습니다
50 그대의 커피 한 잔
51 감나무 위 까치 한 쌍
52 당신은 보랏빛 향기
54 내일
55 새벽이 오는 소리
56 아침 햇살
57 그대는 천사
58 희망가
59 시인의 글
60 엄마의 다섯 손가락
62 오늘같이 좋은 날은
63 바람
64 새싹
65 내 마음은
66 사랑꽃
67 풍년

68  가잔다 가더란다
69  내게로
70  팔베개
71  안식처
72  행복 내일
73  날아라
74  계획표
75  내 마음의 비누

## 3부  그리움

- 78  홀로이 지새는 밤
- 79  애타는 그리움
- 80  보고픈 임이시여
- 81  잃어버린 그대 모습
- 82  임아
- 83  어찌하란 말입니까
- 84  그대여
- 85  워낭소리
- 86  지어미의 마음
- 87  가슴앓이
- 88  약속
- 89  그리운 임이시여
- 90  이내 마음
- 91  엄마 품
- 92  고향을 떠나오며
- 94  고향 들녘
- 95  지난 시절 그리워라
- 96  회상
- 97  떠난 뒤의 그리움
- 98  막내 처제

## 4부  세월이여

102  틀니 1
103  틀니 2
104  야속한 세월
105  낚시
106  가는 세월
107  촌로의 마음
108  세월이여
109  삶
110  너무 늦게 알았다네
111  눈깜박
112  익어가는 중일까 늙어가는 중일까
114  인생살이
115  무정타 가는 세월
116  청춘이여
117  덧없는 인생

## 5부 허공의 돛단배

120 민들레 홀씨
121 인생이란
122 뜬구름
123 묻지 마라
124 이고진 짐
125 퇴근길 대폿집
126 육순
127 폐지 줍는 할머니
128 정도
129 어머니의 시집살이
130 시린 가슴
131 어이타 잊으라고
132 절망
133 하소연
134 아버지의 지갑
135 인생이란
136 갈대 1
137 갈대 2
138 그대가 없는 세상은
139 길고 긴 오늘 하루
140 한 평짜리 달리는 인생

142  기대
143  허공의 돛단배
144  산다는 건
146  꿈이여
147  나의 친구
148  고행
149  나의 벗 나의 사랑
150  네 신세나 내 신세나
151  깨우침

# 1부 찬비

알 수 없는 너의 마음 어떻게 달래주나

수정같이 맑은 눈물 내 마음도 애가 타고

한없이 괴롭구나 어찌하면 좋을는지

# 임이시여

새벽이
다가오면
떠나갈 임이기에

가슴은
조마조마
시간아 멈춰다오

사립문에*
기대어서
떨리는 가슴으로

보낼 수도
없으면서
붙잡지도 못한다네.

*나뭇가지를 엮어 사립짝을 달아서 만든 문

# 편지

애타는 마음으로
눈물로 썼다가
지우고 또 지워버린…

가슴이 터지도록
그리운 임이시여

어디에 사는지
어떻게 사는 건지
보고픈 임이시여

이 마음 고이 접어
주소 없는 임에게로
한 통의 연분홍 편지를
두둥실 띄워 보내려 합니다

수많은 사연 안고
홀로 서 있는 저 멀리
길가의 빨간 우체통이
고개 숙여 눈물지며
어서 오라 손짓합니다.

# 한세상

미워도
한세상
좋아도 한세상

지난날
슬픔일랑
저 하늘에 날리고

다가올
내일에는
활짝 핀 백합처럼

함박꽃
웃음으로 태양처럼
빛나기를 소망합니다.

## 인연이란

옷깃만
스쳐도
인연이라 했다는데

그대에게
인연이란
흘러가는 구름인가

다가가면
멀어지고
멀어지면 남남인데

인생사
새옹지마
인연이란 무엇인지.

## 잊으라 하네

해 지는 저녁 무렵
노을 지는 강가에서
나 홀로 눈물짓네

지나온 날들의
고귀하고 아름답던
우리 둘의 참사랑을
어떻게 잊으라고…

눈물을 떨구면서
잊으라 잊어버리라 하네
저 멀리서 나룻배 하나
따뜻한 참사랑을
가득히 품에 안고
우리에게로 다가오는데

왜 그대는
떠나가려 잊으라 하는 건지
처음부터 잘못 채워진
단추도 아니건만
왜 자꾸 멀어져만

가려 하는지

어찌하오
어찌하오
그대 없인
나 혼자선 못 사는데.

# 안녕

안녕이란
단 한마디가 지워버린
지난날의 아름다운 추억들

너무나 사랑했는데…
갑자기 썰물이 되어버린
가슴속 내 사랑은 어찌하라고

한시라도 안 보면
못 살 것 같은 이내 마음은
또 어찌하라고

우리 둘이 꿈꾸었던
희망찬 내일의 행복은
또 어찌하라고

새까맣게
타버린 가슴속에
안녕이란 두 글자가
너무너무 얄밉고 야속합니다.

## 한 번만 더 생각을

까마귀
노는 곳에
백로야 가지마라

셀 수 없을 정도로
수도 없이 말했건만
어쩌다 너희들은
진흙탕에 뒹구는지

한 번만 한 번만 더
생각을 해봤다면
시커먼 진흙탕을
찾아갈 리 없을 텐데

귀가 얇아도
걱정이요
머릿속이 텅텅 비어도
크나큰 걱정이요.

## 잊힌 여인이여

그렇게
못 잊어서
밤낮으로 애태우고

그리워
보고파라
눈물로 대신했는데

이제는
잊으리라
돌아보지 않으리라

잊힌
여인이여
잊혀간 여인이여.

# 발걸음

탄탄한
앞날이라
보장은 못 하겠소

혼자서
가야 할 길
오만 가지 생각하며

위쪽에서
아래쪽으로
모든 일은 순리대로

두 주먹을
불끈 쥐고
내일의 꿈을 향해
발걸음을 띄어본다.

# 사는 게 그렇다네

하늘이 울고 있네
한없이 울고 있네

무슨 사연 그리 많아
저리도 슬피 울까

속상하고 괴로울 땐
내 마음도 울고 우는데

하늘이여 님이라고
좋은 날만 있으려고

사는 게 그렇다네
사는 것이 다 그렇다네.

## 항구의 이별

떠나는 사람들도
보내는 사람들도
따뜻한 가슴속에
정만을 남겨두고
이별의 눈물을 흘린다네

다시 만날 날을 기약하며
잘 가게나 잘 있게나
손을 흔들며 무척이나
아쉬워라 눈물 흘리네

부디부디 건강하소
이별의 아픔을 뒤로하고
뱃고동을 울리면서
연락선은 떠난다네.

## 눈물의 아리랑

꿈꾸듯 살아왔소
    꿈을 꾸며 살아왔소

살얼음에 속아 살며
    여섯 번 변한 강산

상한 마음 타는 가슴
    눈물만이 서러운데

이리저리 흩날리며
    떨어지는 낙엽처럼

참았던 이내 설움
    아리랑을 불러본다.

## 잃어버린 사랑 찾아

사랑을 잃어버려
까맣게 타버린 이내 가슴

이 목숨 다 바쳐서
죽도록 사랑했던 여인이여

하늘에는 먹구름이
땅 위에는 가시밭길이어도

잃어버린
그리웠던 추억 따라
기억을 되새기며 가려 하네
잃어버린 사랑 찾아
나는 나는 가려 하네.

# 순이 엄마

젊디젊은 순이 엄마
무슨 사연 그리 많아

한마디 말도 없이
애들 곁을 떠나가고

순이 엄마 가던 날은
하늘도 슬피 울어
안개비가 내렸다오

말 못하고 떠나가는
한 맺힌 구만리 머나먼 길을
가는 길은 편하셨소
가시기는 잘 가셨소.

# 구슬비

무얼 그리 운다더냐 뭐가 그리 서러워서

아침부터 저녁까지 구슬프게 우는 건지

알 수 없는 너의 마음 어떻게 달래주나

수정같이 맑은 눈물 내 마음도 애가 타고

한없이 괴롭구나 어찌하면 좋을는지.

# 마지막 편지

어떻게 써야 하나 뭐라고 써야 하나

사랑하는데 그대만을 사랑한다고

썼다가 지우고 썼다가 지워버리는

가슴속에 간직했던 하고픈 그 말들이

어디로 가버렸나 아무것도 생각 안 나

썼다가 지우고 썼다가 지워버리는

하얀 종이 위에 떨구어진 눈물 눈물.

# 어찌하오

울고 있는 초승달에 녹아내린 이내 가슴
잘 살아야겠다고 잘 살아야 한다고
뒤돌아볼 새 없이 도망치듯 떠나온 지
어느덧 다섯 번 변한 강산

넘치도록 한 잔 술에 그려보는
그리운 친구들은 하나둘 떠나가고
언제나 돌아가리 마음만 급해지네
타향에서 불러보는 그리운 고향 노래

## 남몰래 흘린 눈물

삼십 년
웃음 잃은
한스런 시집살이

남몰래
흘린 눈물
가슴속 한이 되어

삼십 년이
다 되도록
쌓여가는 한스럼은*

기막힌
이 현실이
서글프기 짝이 없고
시커멓게 태워버린
가슴속만 애달구려.

*한스러움

## 이대로

모두가 일장춘몽 공수래공수거라

가야 할 멀고 먼 길 욕심은 한이 없고

모두 다 잊으리라 가슴을 활짝 열어

바람 불면 부는 대로 흘러가는 구름처럼

욕심을 버리고 살아가리 이대로 살아가리.

# 살다 보면

살다 보면
알게 되지
살아보면 알 수 있지

기쁨도
하루이고
슬픔도 하루란 걸

이래도
살 수 있고
저래도 사는 건데

이제야
알았다네
너무 늦게 알았다네.

## 울지 않을 겁니다

인생이 절벽 위에
매달려서 흩어져 날려도
울지 않을 겁니다

날지 못하는
한 마리 새가 되어
푸드덕거려도
울지 않을 겁니다

저 달이 방죽에 빠져
눈물 흘려도 나는 나는
울지 않을 겁니다

단 하나
그대가 내 곁에
있어 준다면 말입니다
내게는 그대가
바로바로 하늘입니다.

# 슬피 우는 꽃 한 송이

아름다운 꽃 한 송이
서글피 울고 있네

무슨 사연 있었길래
저리도 슬피 울까

오호라
가만히 살펴보니
두 송이의 꽃이었는데

누군가가 한 송이 꽃을
꺾어버렸구나

그래 그렇구나
짝을 잃은 꽃 한 송이
저리 슬피 우는구나.

# 늦지 않게

낙엽이
휘날려도
비바람이 몰아쳐도

날 선 칼을
밟고 서서
오늘을 살아간다

말없이
흐르는 눈물
눈 꼭 감고 참으면서

좋은 날은 오겠지
활짝 웃는
함박꽃 피는 날은
늦지 않게 돌아오겠지.

# 짝사랑


멀리서
바라보며
가슴만 두근두근

수줍어
말 못하고
얼굴을 못 드는데

돌아서
후회하는
나는 나는 바보라네

# 이별

사시사철 희로애락
너와 같이 나눠 가며
평생의 꿈과 함께 살아온 지 삼십 년

지치고 병약해진
지금의 네 모습이
서럽고 애처롭기 그지없네

한 발짝 두 발짝
천릿길을 한마음으로
시종일관 웃으며 걸어왔던 너

함께한 그 세월이
아득히 멀기도 한데
헤어져야 한다는 게 눈물 먼저 흐르고

언제 다시 만나려는가
기약도 없는 이별
남은 이놈 가슴속은 눈물만이 서러워라.

## 2부  보랏빛 향기

당신의 고귀한

보랏빛 사랑이 아니었더라면

어이 내가 조금이라도

걸음을 걸을 수 있었을까

# 엄마라는 이름은

엄마라는
이름만 들어도
엄마라고
생각만 해도
가슴 뭉클한 목멤

절로
눈물 흘리고
마음마저 숙연해지는

세상에서
제일 따뜻하고
포근한 마음의 고향.

# 봄날

들에도 산에도
진달래가 활짝 웃는
따뜻한 아지랑이 꽃이
피어나는 봄이 왔다

가슴속이 두근두근
울렁거리며 내 마음속에도
아지랑이 꽃이 피고 있다

아지랑이 가물가물
기지개를 켜고 활짝 핀
따뜻한 봄날을 맞이한다

아지랑이꽃 피는
따뜻한 봄날이여
그렇게 오래오래
내 맘속에 피어나라.

## 마음먹기에 따라

고운 눈으로
세상을 바라보면
곱지 않은 것이 없고

예쁜 마음으로
세상을 바라보면
예쁘지 않은 것이 없답니다

마음먹기에 따라
온 세상이 보랏빛 향기로
가득 채워질 테니

우리들 사는 세상
꼭 그렇게 나쁘지는
않을 것 같습니다.

# 그대

아름다운 그대 모습
    나의 눈을 멀게 하고

부드러운 그대 미소
    내 마음을 설레이네

장미꽃이 예쁘다고
    그대만큼 예쁘던가

목련꽃이 화사해도
    그대만큼 화사한가.

## 내 눈에는

내 눈에는
그대가 세상에서
제일 예쁜 꽃이랍니다
어디를 보더라도
내 눈을 멀게 할 아름답고
화사한 한 송이 꽃이랍니다

잠에서 깨어나면
화병에 꽂아 놓은 꽃처럼
그대의 포근하고 화사한
향기로운 꽃향기가 가득한
이 방안이 너무도 행복합니다

바라만 보아도
웃음꽃이 절로 피고
가슴 뛰는 내 눈에는
그대가 이 세상에서
제일 예쁜 꽃이랍니다.

## 그대의 마중물이 되고 싶습니다

먼 길을
걸어오신 그대에게
편안히 앉아 기댈 수 있는
벤치가 되어 드리고 싶습니다

마음 편히 따뜻하게
쉬어 가고 싶은 벤치
그렇게 그대의 사랑받는
벤치가 되어 드리고 싶습니다

바라만 보아도
가슴 설레이는
그런 그대의 아름다운
벤치가 되어 드리고 싶습니다

무엇이든
그대가 원하는 대로
영원히 그대를 사랑하며
보랏빛 향기 나는 그대의
마중물이 되어 드리고 싶습니다.

## 그대의 커피 한 잔

은은한 그대 향기
달콤한 그대 입술
따뜻한 그대 마음

기나긴 입맞춤에
아득한 황홀감은
가슴속 두근두근
그대와의
첫사랑이 떠오르고

새하얀 새털구름
두리둥실 바람 타고
하늘 위를 나는 기분

보랏빛 향기 나는
그대의 마음은
이 느낌 이 기분
정말정말 최고랍니다.

## 감나무 위 까치 한 쌍

앞마당 감나무에
까치 한 쌍 웃고 있네
까르르 까르르
무슨 소식 오시려나

어느 누가 오시려나
하늘은 구름 한 점 없구나
반가운 소식 올까
싸릿문을* 열어 놓고

싸릿문만 바라보며
두 손 모아 기다린다
까치 실은 행복 가방
웃음 띤 빨간색 자전거를.

*사립문의 방언(강원, 경남, 전라)

## 당신은 보랏빛 향기

당신이 있어 숨을 쉬고
당신이 있어 눈을 떴소
내 곁에 당신이 없었다면
내 어찌 숨을 쉴 수 있었을까
내 어찌 눈을 뜰 수 있었을까

내 곁에 당신이 없었다면
정말로 일어설 수 있었을까
당신의 고귀한
보랏빛 사랑이 아니었더라면
어이 내가 조금이라도
걸음을 걸을 수 있었을까

당신이 있어
잃어버린
새 생명을 얻었으니
당신은 천하제일
명의 중의 명의라오

보랏빛 향기 가득한
당신이 있어 웃음 짓고

보랏빛 향기 가득한
당신이 있어 꿈을 꾸며
보랏빛 향기 가득한
당신이 있어 행복하다오.

# 내일

혼자서
걸어가던
외로운 돌담길을

오늘은
둘이 서로
손잡고 간답니다

깍지 낀
두 손에는
넘치는 정과 사랑

아팠던
지난 일은
잊고 살자 했답니다.

## 새벽이 오는 소리


뒷마당에
풀어 기른
장닭들의 합창 소리

만여 평
너른 밭에
새벽이 밝아 온다

안 떠지는
눈 비비며
수건 매고 쟁기 들어

가잔다
가더란다
내일의 꿈을 꾸며
내일의 행복 위해.

# 아침 햇살

아침 햇살
따사로운 골목길
돌담 아래
노랗게 물든
노오란 웃음꽃이
활짝 피어난다

멀리서 연인 한 쌍이
면사포를 쓰고 웃으며
걸어오는 느낌이고
노오란 개나리꽃 하객들이
줄을 서서 손뼉 치며 기쁨으로
반겨주는 듯한 느낌이다

골목길 돌담 아래
따뜻하게 내리쬐는
아침 햇살 웃음 속에
꿈을 꾸며 살아가는
골목길 돌담 아래
활짝 핀 노오란 개나리꽃.

# 그대는 천사

몸과 마음도
밀려오는 세찬 파도에 산산이 부서지고
갈 곳 잃어 헤매는 이 못난 사람에게도

세상에 둘도 없는 사랑이란 이름으로
오늘을 살게 해준 그대는 천사랍니다

매일을
따뜻한 가슴으로 세 번이나 변한 강산
내색은 안 했지만 얼마나 힘들었을까

그대의 보살핌으로
죽었다가 다시 태어난 몸과 마음으로

그대가 곁에 있어 사는 게 행복이고
내게는 그대가 정녕코 천사랍니다.

# 희망가

새벽별
바라보며
짊어진 바랑*에는

우리 가족
희망 있고
꿈들이 담겨 있어

행복한
노랫소리
메아리쳐 돌아오고

오늘도
바쁜 걸음
행복이 춤을 추네.

*배낭의 변한 말

## 시인의 글

하루에 한두 권씩 시집을 읽고 있소
바다가 넓다 한들 하늘이 높다 한들
시인의 마음보다 넓고 높다 하겠소

한없이 넓고 깊은 시인의 글 속에서
울었다 웃었다가 눈물과 설렘 환희
인고의 필 한 자루 세상사를 쥐락펴락

앉아서 천릿길을 일어서서 만릿길을
눈감고 인생사를 눈뜨고 세상사를
오늘도 그려보네 백지 위의 여행을.

## 엄마의 다섯 손가락

너희들 오 남매가
내 다섯 손가락인 것을

다섯 손가락
어디를 깨물어도
안 아픈데 없으련만

아는지 모르는지
어느 누가 미울 거고
어느 누가 예쁘더냐

서로를 사랑하고
서로를 위하면서
마음으로 감싸주며
오 남매가 살아가면

그것이 엄마의
바람이요 기쁨이고
우리 가족 행복인데

오늘도 건강한 웃음으로

서로를 위하면서
살아가는 것이
곧 엄마의 바람인 것을.

# 오늘같이 좋은 날은

오늘같이 좋은 날은
소리 내어 웃어보자

이때까지 슬펐던 일
지난 일은 잊어버리고

고생 끝에 낙이 온다
굳게 믿고 살아온 길
이루어진 꿈과 행복

오늘같이
좋은 날은
눈물이 흐르도록
마음껏 웃어보자.

# 바람

머리카락이
길어지는 것처럼
기쁨도 길어지고

머리카락이
길어지는 것처럼
건강도 길어가고

머리카락이
길어지는 것처럼
행복도 길어지고

머리카락이
길어지는 것처럼
우리네 병들지 않는 삶도
길어졌으면 좋겠습니다.

# 새싹

그 추운 북풍한설 매서운 칼바람을

단단한 땅속에서 참으며 살아왔네

한줄기 밝은 빛을 바라보며 살았다오

휘날리는 눈보라를 묵묵히 마주하고

새하얀 웃음으로 꿈이여 다시 한번

다시금 봄이 왔네 얼굴 내민 들녘 새싹.

# 내 마음은

하늘도 내 마음같이
외로워 한없이 슬피 울 때

천사 같은 그대를 만나
마음으로 연을 맺고

사랑 노래 불러가며
무지개를 그리면서

밤하늘의 별과 달이
속삭이며 반짝이듯

그대의 가슴속에
내 마음을 물들이고

그대를 향한 내 마음은
오로지 변치 않는
간절한 사랑입니다.

## 사랑꽃

터져버린 상처 속 쓰라린 이 가슴에

살며시 다가와서 포근하게 안아주며

두 손을 마주 잡고
따스하게 감싸주던 사랑꽃 임이시여

흰 구름을 타고 가며 무지개를 따라가듯

사랑이란 꽃향기에 흠뻑 물든 마음으로

한 아름 사랑꽃을
임에게로 안겨주려 한답니다.

# 풍년

활짝 핀
코스모스
가을이 웃는구나

노오란
황금 들녘
허수아비 보초 서고

잠자리는
하늘 높이
메뚜기가 춤을 추는

모두가
즐거워라
올해도 풍년일세.

## 가잔다 가더란다

가잔다 가더란다
    앞만 보고 가더란다

내일의 꿈을 꾸며
    내일의 행복 위해

가잔다 가더란다
    용기 내어 가더란다

가다가 힘이 들면
    쉬었다가 가더라도

가잔다 가더란다
    힘을 내어 가더란다.

## 내게로

잔잔한 호수 위를 말없이 바라보며

홀로이 마음 아파 옛 추억을 그려 보네

왜 이리 사는 건지 자신도 없어지고

오늘은 희망 찾아 웃으며 보낸 하루

기쁨이여 다시 한번 꿈이여 다시 한번.

# 팔베개

기억 속에 남아있는 당신의 팔베개는

따뜻한 미소 띠며 포근함 전해주고

가슴속 울려주는 영혼의 사랑 노래

말없이 전해지는 그 미소가 그립구려

그토록 그려왔던 당신의 팔베개는

따뜻함만 남겨두고 말없이 떠나갔네

이 가슴 찢기도록 목놓아 울고불고

저녁노을 말도 없이 서산에 해가 지네.

## 안식처


깊은 산 맑은 계곡은
　산허리를 휘어 감고

새털구름 머리 위에
　산새들이 노래하며

아침 햇살 따뜻하고
　산천어가 춤을 추는

포근함이 가득한
　이곳이 내 삶의 터전
　　우리들의 안식처라.

## 행복 내일

영롱한
아침이슬
호수는 말이 없고

풀벌레의
울음소리
고요함을 깨트리네

산마루
천년바위
내일의 꿈을 꾸며

반짝이는
물결 위에
행복 넘실 빌어본다 .

# 날아라

하루를 살더라도
    희망과 꿈을 향해

거치른 벌판 위를
    단숨에 내달리듯

날아라 양팔 벌려
    하늘 향해 날자꾸나

아무리 어렵고 힘들은
    지친 삶이라도

두 주먹 불끈 쥐고
    저 하늘 높이 높이

다시 한번 날아보자
    내일의 행복 위해.

# 계획표


아서라 말아라
계획 없는 일이라면
하나에서 열까지의
올바른 계획이
곧 기쁨이요 행복이려니

하고픈 마음대로
뜻한바 목표를 이루려면
철저한 계획만이 밝디밝은
앞날을 약속받는다는 것을
잊지 말고 기억하기를.

# 내 마음의 비누

내 몸 녹여 살아왔네
너를 위해 살아왔네
너를 위해 선택한 길
나 스스로 선택한 길

즐거운 마음과
가득 찬 행복으로
후회는 없더란다
앞만 보고 가자꾸나

이 한 몸 녹아 녹아
너의 마음 춤을 추고
분수처럼 향기 나는
날들이 찾아온다면

나는야 향기 나는
따뜻한 비누가 되어
그 길을 걸어가리
열 번이고 백 번이고
변치 않는 마음으로
그 길을 걸어가리라.

3부 그리움

뒷동산에

걸린 달은

말도 없이 애달퍼라

## 홀로이 지새는 밤

홀로이
지새는 밤
외롭기 그지없어

한줄기
밝은 달빛
빨래터 벗을 삼아

도랑가
빨래터에
이 가슴이 터지도록

한 바가지
눈물로
외로움을 내리치네.

## 애타는 그리움

가신 임
얼굴이야
잊으면 그만인데

매일을
뜨고 지는
저 달은 어찌하나

뒷동산에
걸린 달은
말도 없이 애달픈데

가슴속 그리움만
남겨두고 간
돌아 못 올 임이시여.

## 보고픈 임이시여

꽃피고
새가 울면
돌아와 주신다던

내 임은
소식 없고
들녘엔
꽃향기만 나부끼네

언제나
돌아오리
눈물로 기다리는
가슴속만 애달파라

## 잃어버린 그대 모습

그대하고 만나던 날 그날이 마냥 그립구려

마음으로 맺은 언약 돌아가고 싶은 날들

오늘 밤도 별을 보고 하염없이 눈물지며

그대 없는 텅 빈 자리엔

가득한 슬픔만이 눈앞을 가리네

아스라이 멀어져 간 그리운 그대를

어디에서 만나려는가 언제 다시 만나려는가

촉촉해진 눈망울에 그대 모습 간직하네.

# 임아

힘이 들면 쉬어가라 지칠 때는 기대어라

가슴으로 안아주고 수정 같은 눈망울로

용기 가득 심어주던 보고픈 임이시여

어디에 계시나요 어느 곳에 계시나요

슬픔이 물밀듯이 가슴속을 파고드네.

## 어찌하란 말입니까

나도 몰래 하염없이
흘러내리는 이 눈물을
어찌하란 말입니까

잃어버린 그대 모습
밤이면 밤마다
아련히 떠오르고

오늘 밤도
이내 시린 가슴은
모락모락 포근함이
피어나는 그대 품을 기억하네

화사한 웃음 가득
가슴속엔 온기 가득
그리운 내 사랑아
보고픈 내 사랑아.

# 그대여

정주고
마음 주며
싹 틔운 사랑으로
간절히 바라보며

비가 오나
눈이 오나
한결같은 마음으로
간절히 바라보는

하얀 미소
환한 얼굴
순백의 하얀 목련
보고 싶은 그대여.

## 워낭소리

딸랑딸랑 워낭소리
엄마소 누렁이의
서러운 눈물이다

세 번이나
아기 소를 낳은
우리 집의 살림 밑천
우리들의 희망인데

이제는 가야 하네
저 멀리 가야 한다네
가슴속에 새긴 정은
어떻게 지우라고
눈물을 흘리면서
자꾸만 돌아보네

하늘에선
구슬비가 내리고
길모퉁이 돌아가는
누렁이의 울음소리에
찢어지는 이내 가슴.

## 지어미의 마음

보고프고 그리울 땐 아궁이에 불 지피고

누가 볼까 연기 속에 가슴속을 활짝 열어

말없이 눈물만을 흘리고 만답니다

집 떠난 지 수삼 년에 소식 한자 알 수 없어

애달픈 그리움은 한없이 밀려오고

살며시 애타는 마음 아리랑을 불러본다.

## 가슴앓이

알고도 모르는 척 발만 동동 가슴앓이

언제인가 언제부터 서서히 멀어져 간 그대는

안타까운 이내 마음 저 하늘도 모르시고

돌아서 우는 마음 그대는 아시련가

마음만 녹아가고 하루 이틀 날이 가네

어디로 가야 할지 한숨만 천근만근.

# 약속

기다린다고 기다릴 것이라고
수없이 마음먹고 다짐을 하였건만

스치는 바람결에 간간이
흔들리는 이 마음을 어찌합니까

새야 새야 슬피 우는 두견새야
언제나 그리움에 몸부림치며

새야 새야 슬피 우는 두견새야
녹아내린 이 가슴을 달래줄 수 있으려나

새야 새야
남몰래 슬피 우는 두견새야
속 시원히 대답 좀 해주려무나
나는 나는 어찌해야 좋을는지.

## 그리운 임이시여

바람이 말해줬네 하늘도 울었다고
십 년 전 일이지만 엊그제 같건마는

생각하면 눈물만이 끊이지 않는구려
지금도 보고파라 가슴속만 애달프고

하루하루 사는 것이 그리움의 날들이라 어찌하오 어찌하오 꿈에서나 만나려는가
그리운 임이시여 보고픈 임이시여.

# 이내 마음

누구라고 알아주리
타는 가슴 이내 맘을

세월 가면 잊힌다
어느 누가 말을 했소

세 번이나 변한 강산
이내 맘은 그대론데

어느 날에 잊힐까
눈물만이 서러워라

원망 많은 날들이여
원망스런 하늘이여.

# 엄마 품

세 살배기 막내딸은
엄마 품이 그립다고
밤새도록 울고불고

다섯 살 아들놈은
밤하늘의 별을 세다
이제 막 잠이 들고

한 번도 못 본 엄마
그리운 나의 엄마
잠이 든 막내딸과
아들놈이 엄마 품을 찾고 있다

오늘 밤 꿈속에선
엄마손을 꼬옥 잡고
꼬까옷* 갈아입고
봄나들이 다녀오길
두 손 모아 간절히 빌어본다.

*알록달록하게 곱게 만든 아이의 옷을 이르는 말

## 고향을 떠나오며

고향 산천 떠나온 지 다섯 번 변한 강산
깜깜한 밤이 오면 고향 산천 그리워라

달빛에 물어보는 고향 소식 끝이 없고
아련한 옛 추억에 눈시울만 뜨거워라

도망치듯 떠나오며 고갯마루 넘어설 때 흩날리는 낙엽처럼 얼마나 서러웠나

바라보는 저 하늘엔 달빛만이 반짝이고
엄마 품속 고향 땅의 보름달은 오늘 밤도 따스히 웃으면서 밝게 밝게 빛나고 있겠지.

## 고향 들녘

낯선 타향에서
목메게 불러보는
아련한 고향 들녘

변한 강산 다섯 번에
그리움만 간절한데
하루하루 사는 것이
한 달이요 일 년이네

언제나 돌아가리
그리운 고향 들녘
애달파 그리워라
돌아 못 간 고향 들녘.

## 지난 시절 그리워라

그리움을 참아내려 추억이 울고 있네

아련히 떠오르는 고향의 그리운 옛 친구들

풀벌레가 노래하고 물방개가 춤을 추던

눈망울 초롱초롱 수정같이 맑았던 때

지게 지고 소꼴 한짐 부러울 게 없었었고

모래알로 밥 한 그릇 풀을 뜯어 나물 반찬

흰 구름 따라 뛰며 웃음꽃이 절로 피던

그때의 그날들이 못 견디게 그리워라.

## 회상

윤기 나는 검은 머리 엊그제만 같았는데

여섯 번 변한 강산 아무런 말도 없고

눈 한번 깜박이니 천리도 더 간 세월

축 처진 어깨 위에 흰 머리만 무성하니

지나온 그 시절의 청춘이 그립구려

다시금 돌아오지 못할 청춘이여

청춘이 몹시도 안타깝고 그립구려.

## 떠난 뒤의 그리움


찢어진
이 가슴은
어떻게 기우라고

말없이
말도 없이
무심히 가시나요

얼굴엔
수심 가득
가슴은 허허벌판

가슴을
쥐어뜯어도
그리움만 밀려오네.

# 막내 처제

그리우면 어쩌라고
보고프면 어쩌라고

언제나 언제까지나
가슴속에 묻어 둘
사랑하는 막내 처제

별처럼 초롱초롱
수정같이 맑고 맑은 이슬처럼

언제나 해맑은 웃음으로
반짝이는 눈과 따뜻한 마음을 간직한

어디선가 곧 나타날 것 같은
사랑하는 막내 처제

무얼 그리 바쁘다고
안타까운 정만 남겨놓고
이리 일찍 하늘강을 건너갔나

하고픈 일 해야 할 일

태산같이 남았는데
남은 가족 어이 살라
그리 빨리 가야 했나

멀고 먼 가는 길은
얼마나 힘들었을까
눈물만이 앞을 가리네

이제는 고통 없는 그곳에서
모든 시름 다 잊고 마음 편히 잠들기를
두 손 모아 머리 숙여 빌고 또 빈답니다.

## 4부  세월이여

산들바람 벗을 삼아

흘러가는 구름따라

가더라도 가더라도

뒤도 한번 돌아보고

# 틀니 1

내게는
세상 사는 기쁨이요
세상 사는 힘입니다.

# 틀니 2

사막에서
오아시스를 만났습니다
이렇게 사는 것이 즐거운데
행복이 뭐 별건가요.

## 야속한 세월

잡지도
못하면서
막지도 못하누나

늙기도
서러운데
자꾸만 가라 하네

뒤돌아
보지 말고
서러워하지 말며

어디로
가야 할지
봄바람만 무심 타네.

# 낚시

대어를 낚으련다
　무념무상 물 위의 찌

고요한 사방천지
　정신일도하사불성

잔잔한 호수가
　나지막이 말을 하네

과욕을 삼가면서
　마음을 내려놓고
　　세월을 낚으라네.

# 가는 세월

서산을
물들이고
떠나가는 저 세월아

잡는다고
잡힐까나
물거품의 가는 세월

너를 따라
가야 함은
운명적인 사실인데

어찌하오
어찌하오
애타는 이 마음을.

## 촌로의 마음

깊게 팬
주름살과
터진 손에 굽은 등은

반백 년을
하루같이
피땀으로 산 세월

돌아보니
인생무상
한숨만 한짐 가득

오늘 본
내 모습은
눈물만이 서럽구려.

# 세월이여

왜 이렇게
빨리 가려 하는 건지
세월아 말 좀 해다오

산들바람 벗을 삼아
흘러가는 구름 따라
가더라도 가더라도
뒤도 한번 돌아보고

한 모금의
물이라도 마셔가며
팔도강산 유람하듯
천천히 가려무나

붙잡아도 소용 없고
막아봐도 소용 없는
부탁일세 부탁일세
무정한 세월이여.

# 삶

가는 길이 어드메요
    가야 할 길 어드메요

부는 바람 등 떠밀려
    여기까지 살아왔네

짧다면 짧은 세월
    길다면 길은 세월

이리저리 부대끼며
    살아온 육십 년에

가슴속은 멍들어도
    후회는 없더란다.

# 너무 늦게 알았다네

자세를 낮추고 살면
서로 부딪힐 일이 없이
만사가 형통이라

거기에다
마음마저 낮춘다면
다툴 일도 없다는데

나를 낮추고 살면
내 주위에 오히려 많은
사람들이 모여든다는 걸

이제 와서 알았다오
너무 늦게 알았다네.

## 눈 깜박

흐르는
세월 따라
꿈을 꾸며 살아왔네

눈 깜박
지난 시절
돌아본 그 세월은

어젯밤
꿈이런가
가슴속만 애달프고

찰나 지간
인생살이
허무함만 무정타네.

## 익어가는 중일까 늙어가는 중일까

TV를 보다가도
갑자기 가슴이 뭉클거려
나도 몰래 눈물이 흐르고
아무것도 아닌 말에
깊은 상처를 받는다

괜히 혼자서 우울하고
혼자서 눈물짓는
나도 나이가 들어가는가 보다

슬프면 슬픈 대로
기쁘면 기쁜 대로
왜 이렇게 눈물이 나는 걸까

유행가 가사처럼
지금의 나는
익어가는 중일까
늙어가는 중일까

저 멀리
등 굽은 할머니가

폐지를 가득 실은
리어카를 밀고 간다
어느새 나도 몰래
두 눈에는 눈물이 고인다.

# 인생살이

탈도 많은 인생살이 어느 누굴 원망하리

한숨 한짐 눈물 한짐 두 어깨에 짊어지고

조용히 눈을 감고 지난날을 그려 본다

이때까지 이렇게 눈 꼭 감고 살았지만

다시 오는 앞날에는 어떻게 살아갈지

탈도 많은 인생살이 근심 걱정 춤을 추네.

# 무정타 가는 세월

붙잡아도 소용없고
막아봐도 소용없네

쉬었다가 가라고
잡아도 보았으며

온몸으로 막아서서
눈물도 흘렸건만

부질없는 일이더라
눈길 한번 주지 않네

무정타 가는 세월
어찌하란 말입니까.

# 청춘이여

바람결에 따라 흐른 이내 청춘 아쉽고

강물처럼 흘러버린 가여워라 지난 세월

덜 익어 먹은 나이는 남의 집의 더부살이

한여름의 털점퍼요 한겨울의 반팔 셔츠

살다 보니 늙어지고 살아보니 늙어진 걸

울어봐도 소용없네 다시 못올 이내 청춘

어쩌란 말입니까 어찌하란 말입니까.

## 덧없는 인생

꿈꾸다 가는 인생 서러워하지 마라

때가 되면 오는 세월 때가 되면 가는 세월

오가는 세월처럼 이내 몸도 늙어가고

얼굴엔 검버섯이 머리에는 백발이네

덧없는 인생살이 누굴 보고 원망하리.

# 5부 허공의 돛단배

아무것도 모른 채

걱정없이 살아가는

허공의 돛단배가 되고픕니다

## 민들레 홀씨

병들은
이내 마음
어느 누굴 원망하리

푸르른 꿈
간직하고
터벅터벅 걸어가며

비바람
맞으면서
눈물로 헤쳐온 길

이제 와
돌아보니
바람에 흩날리는
민들레 홀씨라네.

## 인생이란

엎드려
울지마라
인생이란 다 그런 것

누구나
누구라도 언제인가
한 번은 가야 할 길

붙잡아도
소용없고
울어봐도 소용없네.

# 뜬구름

뜬구름
잡느라고
넋 놓은 지난 세월

이제 와
생각하니
암흑 같은 허송세월

해 뜨는
내일에는 꿈만 가득
행복만이 있어 주길.

## 묻지 마라

어디에서
살았는지
어떻게 살았는지

묻지 마라
지나온 길
알고 나면 괴롭다네

흘러가는
세월이야
가버리면 그만인데

가슴속에
묻은 상처
잊히지 않는구려.

# 이고진 짐

이고진 짐
너무 많아
쉬었다가 가야겠네

수양버들
그늘 아래
고달픈 몸을 뉘고

잠시라도
세상살이
잊고 싶어 눈물진다

눈이라도
붙인다면
만사형통* 꿈을 꿀까.

*모든 일이 뜻한 바대로 잘 이루어짐

## 퇴근길 대폿집


힘들고
괴로웠던
생각하기 싫은 날들

막걸리
한 사발에
하루를 잊자구나

마음은
어느샌가
터질 듯 오색풍선

오늘을
지워버린다
숨 막혔던 오늘 하루.

# 육순

엄마 손
놓칠세라
손 꼭 잡고 걸으면서

재롱떨던
그 아이가
어느새 육순이라
보시나요 하늘에서
이 자식을 보시나요

살아 있는 이 자식은
어머님이 무척이나
보고프고 그립습니다.

# 폐지 줍는 할머니


등 굽은
할머니의
울고 싶은 매일매일

새벽이슬
맞으면서
미는 수레 폐지 가득

움직여야
살 수 있네
벌어야 먹고살지

한숨 한짐
눈물 한짐
눈 뜨고는 볼 수 없네.

# 정도

정도를* 걸어야지 왕도란* 없더란다

순간의 일확천금 부러울 것 없는 세상

모두가 허무로다 정도가 제일이라

한 발짝 두 발짝씩 천천히 걸어야지

단번에 천릿길을 어떻게 가려 하나

하나가 둘이 되고 열 개가 백 개 되듯

욕심을 버리란다 밝아오는 아침 햇살.

*올바른 길
*어떤 어려운 길을 해 나가기 위한 쉬운 방법이나 지름길

## 어머니의 시집살이

주천강 섶다리 드나든 지 반백 년은
남몰래 흘린 눈물 가슴속 만 바가지
평생에 웃는 모습 기억도 나지 않네

너무나도 힘들었던 지나온 반백년에
속상하고 괴로울 땐 맷돌 갈며 절구 찧고
하염없이 울고 또 울던 눈물만 만 바가지

긴긴밤 지새우며 소리 없이 울어 보고
가슴속 맺힌 설움 어느 누가 풀어주나
발 동동 흘러간 한많은 반백 년의 그 세월.

# 시린 가슴

무얼 그리
한스러워
가슴속이 설웠던가

가슴 시린
그 세월도
눈 꼭 감고 지냈건만

서러운 맘
달랠 길 없이
하루해는 잠들었소.

# 어이타 잊으라고

긴긴날 맺은 정을
어이타 잊으라고
그리 쉽게 그렇게 가시나요

가슴속에
심어준 뿌리 깊은
그 사랑은 어쩌라고
그리 쉽게 그렇게 가시나요

무정타 매정하게
뒤도 아니 돌아보고
그리 쉽게 그렇게 가시나요

둘이 함께 나누었던
수많은 밀어들을
그리 쉽게 잊었단 말입니까

별빛이 쏟아지는 동산에서
손가락 고리 걸어 새겨 놓은
그 약속은 또 어쩌라고
그리 쉽게 그렇게 가신답니까.

# 절망

찬 이슬 방울방울 멀어진 나의 사랑

떨리는 목소리로 소리쳐 불러 봐도

가야 한다네 나를 두고 가야 한다네

이 순간 끝이라고 모든 게 끝났다고

초롱한 새벽 별은 조금씩 멀어지고

동이 트며 새벽이 밝아와도
떠나간다네 나를 두고 떠나간다네.

# 하소연

손발이
다 닳도록
고랑난* 주름살에

허리 한번
못 펴면서
쏟아부은 눈물과 한숨은

흘러가는
세월 따라
먹은 나이 육십인데

모질게도
힘이 들던 지난날을
어디에다 하소연하나.

*논밭의 두둑과 두둑 사이의 낮은 곳

# 아버지의 지갑

너무나 얄팍해진
아버지의 지갑에는

우리 가족 세상살이
모든 삶이 담겨있어

종일토록 근심 걱정
이리 뛰고 저리 뛰며

천만근 피로에 찬
아버지의
얄팍해진 지갑은

땀 범벅 눈물범벅에
자꾸만 야위어 가는
아버지의 얼굴이네.

# 인생이란

웃다가도 울고
울다가도 웃고
기뻐도 눈물짓고
슬퍼도 웃음 짓네

한 달이 길면
한 달이 짧고
좋은 날이 있으면
나쁜 날도 있다는데

사는 게
그렇다네
사는 것이 다 그렇다네

그렇게
그렇게 살아가세나
어울렁더울렁*
앞만 보고 살아가세나.

*바로 어우러져 또는 더불어를 뜻하는 제주도 방언

# 갈대 1

무슨 사연 그리 많아
　　슬피 우는 저 산 갈대

소리 없이 부는 바람
　　넋 나간 듯 눈물 흘려

어느 날에 잊힐까
　　울먹이는 저 산 갈대

# 갈대 2

나를 보고 말들 하네
　흔들리는 갈대라고

아무리 꼿꼿해도
　세찬 바람 못 이기듯

흘러간 세월만큼
　내 마음도 흔들리네.

# 그대가 없는 세상은

그대가 없는 세상은 기쁨이 없습니다

그대가 없는 세상은 행복도 없습니다

그대가 없는 세상은 꿈도 희망도 없습니다

그대가 없는 세상은 슬픔만이 있습니다

그대가 없는 세상은 괴로움만 있습니다

그대가 없는 세상은 아아 생각하기도
싫습니다.

## 길고 긴 오늘 하루

혼자서 맞는 하루 길고 긴 오늘 하루
힘들고 괴롭게 보내야 하는 오늘 하루

이 생각 저 생각에 63빌딩을 수도 없이
지었다가 부수면서 지내는 하루인데

서산에 해가 진다 이제사 하루가 간다
종일토록 한숨 속에 묻어버린 아픔인데
생각조차 하기 싫은 길고 긴 오늘 하루.

## 한 평짜리 달리는 인생

맑고 맑은
새벽 공기
새 아침을 노래하고

활짝 웃는
가로수에
내 마음도 밝아온다

비바람이
불어와도
눈보라가 몰아쳐도

희망과
꿈을 싣고
우리 가족의
사랑과 행복까지

웃음이
보약이라
언제나 싱글벙글

내게는 한 평짜리
꿈을 꾸는 오색풍선
꿈을 꾸는 무지개라네.

# 기대

넝쿨 넝쿨 칡넝쿨 같은 인생사와
얽힌 얽힌 실타래 같은 세상사라네

이때까지 풀지 못한
칡넝쿨 인생사와 실타래 세상사를
오늘은 가슴으로 풀어낼 수 있으려는지

될 듯 될 듯 안 되고 안 될 듯 되는 것이
안 되도 할 수 없고 잘되면 너무 좋고

우리 함께 살아가는 인생사와 세상사라
사는 게 그렇다네 산다는 게 그렇다네

# 허공의 돛단배

여기까지 올 때까지
오기는 잘 왔다만
앞으로 가야 할 길이
크나큰 걱정이로구나

어디로 가야 하나
어떻게 가야 하나
물이 없어도 살 수 있고
불이 없어도 살 수 있는

바람이 불면 부는 대로
물결이 치면 치는 대로
이내 몸을 맡기며

아무것도 모른 채
걱정 없이 살아가는
허공의 돛단배가 되고픕니다.

## 산다는 건

짧지도
않지만
길지도 않더란다

인생길
육십 년이
눈 깜박 흘러가고

먼 길을
떠나가네
정처 없이 떠난다네

주어진
삶이라
올바르게 살아가며

얼마나
더 산다고
얼마나 더 살려고
아둥바둥거리는지

여보게 산다는 건
짧지도 않지만
길지도 않더란다.

# 꿈이여

몸과 마음 슬픈 모습 너무 길은 하루하루

종일토록 집안에서 그리워라 바깥 세상

해는 뜨고 해도 지고 별이 뜨고 달도 지고

눈감고 보는 세상 내 맘속의 세상인데

서지도 못하는데 걷기부터 하라 하네.

# 나의 친구

아침이 밝아온다
사랑하는 내 친구와
또 하루의 일과 시작이다

비바람 불어와도
눈보라 몰아쳐도
따뜻한 미소 띠며
포근한 사랑으로
감싸준 지팡이여
이제는 친구라고
너밖에 없구나

새로운
내일이 밝아와도
이제는 영원히 너에게
기대어 살고 싶어라.

# 고행

시퍼런 칼날 위를
맨발로 올라서서

온몸으로 부딪치며
살아온 인생인데

나이 먹고 병 들으니
이내 신세 가이없네

앞만 보고 달려온 길
후회는 없다지만

나도 몰래
흐르는 눈물은
어찌할 수 없구나.

## 나의 벗 나의 사랑

언제나 한결같이
웃으며 반겨주고 안아주는
하늘 같은 나의 벗 나의 사랑
하루 종일 내 곁에서
사랑으로 감싸주고
나의 발이 되어 주는
사랑하는 휠체어야
어느덧 함께한 지
강산이 변했는데
둥글둥글 모나지 않은
미소 띤 너의 모습에
마음마저 평화롭네
비바람이 불어와도
눈보라가 몰아쳐도
미소를 잃지 않고
언제든지 어서 오라
버선발로 반겨주며
영원히 행복하자
우리 서로 약속했다네.

# 네 신세나 내 신세나

어항 속의 금붕어야 네 신세가 처량구나

밥을 줘야 밥을 먹고 정을 줘야 정을 받는

어쩌면 이 몸처럼 사는 게 이리도 똑같을까

나는야 세 평짜리 방안에서 해가 뜨고 해가 지고

너는야 60센티 어항 안에서 해가 뜨고 해가 지는

병약한 몸으로 혼자서는 아무것도 할 수 없고

바깥세상 그리워도 내 맘대로 못 하는 게

네 신세나 내 신세나 어쩜 이리 똑같을까

그래도 주어진 환경속에서

열심히 살아가는 너의 모습을

나는 나는 본받으려 한다네.

## 깨우침

가는 세월
바라보다
깜박하고 잠들었소

꿈속에서
도솔천의*
미륵보살 만나 뵙고

모든 허물
벗어 던져
새사람이 되었다오.

*미륵보살이 머무는 내원과 천인들이 즐거움을 누리는 외원으로 구성된 천상의 정토를 가리키는 이상 세계

그림과책 시선 265

## 보랏빛 향기

초판 1쇄 발행일 _ 2022년 7월 28일

지은이 _ 황상정
펴낸이 _ 손근호

펴낸곳 _ 도서출판 그림과책
출판등록 2003년 5월 12일 제300-2003-87호

03924 서울특별시 마포구 월드컵북로54길 17 821호
     (상암동, 사보이시티디엠씨)
     도서출판 그림과책
전화 (02)720-9875, 2987 _ 팩스 (02)720-4389
도서출판 그림과책 homepage _ www.sisamundan.co.kr
후원 _ 월간 시사문단(www.sisamundan.co.kr)
E-mail _ munhak@sisamundan.co.kr

ISBN 979-11-90411-69-1(03810)

값 12,000원

이 책의 판권은 지은이와 그림과책에 있습니다.
잘못된 책은 교환해 드립니다.